# El gran libro de la FE

Gill Hollis y Marcin Piwowarski

## PENIEL

BUENOS AIRES - MIAMI - SAN JOSÉ - SANTIAGO

www.peniel.com

# Índice

# La Biblia

**P:** ¿Qué es La Biblia?

**R:** Es La Palabra de Dios para nosotros en una colección de sesenta y seis libros.

La Biblia tiene dos partes:

El Antiguo Testamento está compuesto por treinta y nueve libros. Incluye la historia de la nación judía (y muchas batallas), leyes, profecías, canciones, proverbios, oraciones y palabras de sabiduría. ¡Algunas de las mejores historias se encuentran allí!

El Nuevo Testamento está compuesto por veintisiete libros que narran los hechos de la vida, la muerte y la resurrección de Jesús, cartas para ayudar a los cristianos a vivir como Dios quiere que vivan y una visión del futuro.

La Biblia es el libro de mayor venta en el mundo. Leerla puede ser una experiencia que transforme vidas.

**P:** ¿Quién escribió La Biblia?

**R:** Personas inspiradas por Dios.

Llevó cerca de mil años escribir La Biblia, así que no está claro quién escribió algunos de los libros.

Moisés escribió los cinco primeros libros del Antiguo Testamento, y muchos de los salmos fueron escritos por el rey David. La mayor parte de las cartas del Nuevo Testamento fueron escritas por el apóstol Pablo, los evangelios fueron escritos por Mateo, Marcos, Lucas y Juan. Todas esas personas fueron inspiradas por Dios, a través de su Espíritu Santo.

El apóstol Pablo le dice a su amigo Timoteo, que todo en La Biblia está allí para ayudar a las personas a aprender sobre la fe, para corregirlos cuando se equivocan y para mostrarles cómo vivir en el camino de Dios.

**P:** ¿De qué trata La Biblia?

**R:** De Dios y de su Pueblo.

La Biblia incluye la vida de Abraham, Isaac y Jacob, el relato de José cuando lo venden como esclavo, el de Moisés cuando cruza el Mar Rojo, las historias de David —el niño pastor— cuando mata al gigante Goliat, y la de Daniel que sobrevive en el foso de los leones.

La Biblia incluye la historia de la primera Navidad y los milagros que hizo Jesús antes de ser crucificado, morir y resucitar en la época de Pascua.

Es la historia de cómo el Señor hizo el mundo y sobre cómo Él llamó a su Pueblo para que lo siga. Es el relato de cómo las cosas salieron mal y cómo Dios las corrigió; y sus planes para el futuro.

**P:** ¿Por qué es importante La Biblia?

**R:** Porque enseña a la gente acerca de Dios.

Si quieres conocer a Dios, entonces La Biblia es el mejor lugar para buscarlo. La Biblia ayuda a la gente a entender cómo es el Señor, especialmente en las historias sobre Jesús. Él mostró quién es Dios de una forma muy especial (leeremos más sobre esto después).

La Biblia muestra cuánto Jesús amó a Dios y cómo trató a otras personas. Cualquiera que quiera vivir en el camino de Dios necesita ser como Jesús.

Es imposible ser cristiano sin saber lo que La Biblia dice.

# Dios

P: ¿Quién es Dios?

R: Es el Creador de los cielos y la Tierra.

La Biblia describe a Dios como un Creador afectuoso y compasivo, que creó todas las cosas y las vio "buenas" y "muy buenas".

No solo creó el planeta Tierra, sino que creó las estrellas, los planetas y todo el universo. No existe nada que Él no conozca. Dios creó a las personas, hombres y mujeres, para que fueran sus amigos. El Señor sabía sobre cada uno de ellos antes de que nacieran y conoce a la gente más de lo que ellos se conocen a sí mismos.

P: ¿Cómo es Dios?

R: Él es santo, justo, amoroso y compasivo.

Dios es todopoderoso, omnisciente —todo lo sabe— y santo; ningún hombre puede comprenderlo totalmente.

Dios es bueno y recto, se preocupa por la verdad, y es completamente justo.

Dios es amor, es como un padre perfecto: Cuida de sus hijos y provee para sus necesidades, los consuela y les da lo que es mejor para ellos. Dios no se enoja fácilmente y demuestra su amor y su perdón con rapidez.

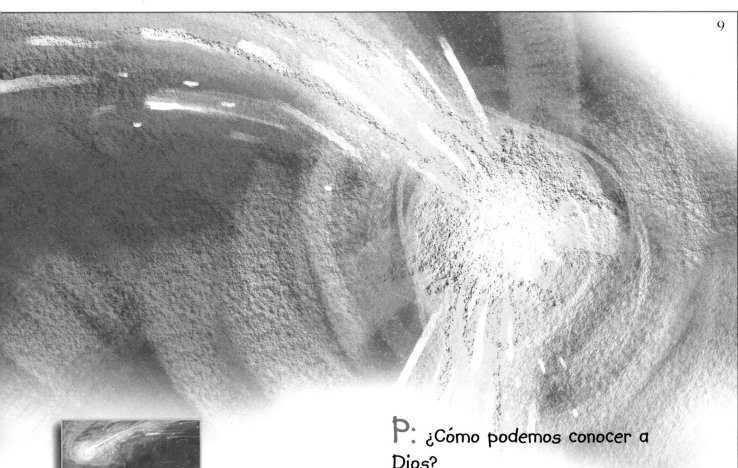

**P:** ¿Dónde está Dios?

**R:** ¡En todas partes!

Dios es espíritu y no tiene un cuerpo como el nuestro que lo haga permanecer en un solo lugar.

Dios siempre existió. Dios no tiene principio y no tiene fin. Nunca morirá ni desaparecerá. Él está en el mar profundo, en la cima de la montaña más alta o en la esquina más lejana del espacio. Nada ni nadie está oculto para Dios.

**P:** ¿Cómo podemos conocer a Dios?

**R:** Al aprender sobre Jesús.

Dios envió a Jesús, su Hijo, para que naciera como ser humano y viviera entre nosotros. Su vida nos dice mucho sobre Dios.

Jesús nos mostró que todos necesitamos el perdón de su Padre y que Él nos ama, aun cuando nosotros no lo amemos. Jesús narró una historia sobre un padre cuyo hijo volvió para pedirle perdón. El padre lo esperaba para perdonarlo. Pacientemente, el Señor espera que nos acerquemos a Él de la misma forma.

También podemos conocer a Dios al leer sobre Él en La Biblia y al hablar con Él en oración.

# La creación

**P:** ¿Quién creó el mundo?

**R:** Dios.

La Biblia comienza con la descripción del asombroso acto de creación de Dios. No nos dice cómo lo hizo, pero sí quién lo hizo y por qué.

La Biblia nos cuenta que Dios es el Creador de todas las cosas y que las personas son especialmente importantes para Él. También nos dice que nuestra naturaleza humana nos muestra un poco cómo es Dios.

**P:** ¿Qué tipo de mundo creó Dios?

**R:** Un mundo muy bueno.

Cuando Dios creó las montañas y los ríos, las plantas y los árboles, las estrellas y planetas, los peces, las aves y los animales, vio que todo era bueno. Se sintió contento con el mundo hermoso que había creado.

Cuando Él creó al hombre y a la mujer, hizo criaturas que pudieran conocerlo, que pudieran amar y ser amadas, que pudieran pensar, imaginar y crear cosas. Entonces Dios vio que era muy bueno.

P: ¿Por qué creó Dios a las personas?

R: Para que fueran sus amigos.

Las personas tienen una importancia especial para Dios, porque son más parecidas a Él que cualquier otro ser que haya creado.

Cuando Dios creó a las personas, ellas compartían tiempo con Él todos los días y disfrutaban de la mutua compañía y conversaban. También les dio un trabajo para hacer, así podían compartir la obra de Dios, ocupándose del mundo y de las criaturas que Él había hecho. Dios les dijo que tuvieran hijos y que cultivaran la tierra para tener comida.

P: ¿Cuándo se desvió el mundo del buen camino?

R: Cuando las personas desobedecieron a Dios.

Dios quería que la gente que Él creó amara el mundo y cuidara de él. Dios les dio el don de la vida y todo lo que ellos necesitaban para disfrutarla; deseaba que lo conozcan como su amigo. Él les dio una regla simple, pero ellos decidieron ignorarla y, en cambio, hicieron lo que quisieron.

Dios se entristeció por lo que habían hecho. Ya no podía confiar en ellos. La amistad que tenían se rompió.

# El pecado

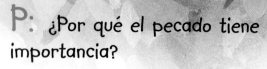

**P:** ¿Qué es el pecado?

**R:** Todo lo que no es perfecto.

Las personas pecan cuando desobedecen las leyes de Dios, pero también pecan cuando piensan o actúan en una forma egoísta, cruel o desconsiderada. Cuando Adán y Eva desobedecieron a Dios, el pecado se convirtió en parte de la condición humana: en vez de poner primero lo que el Señor quiere, las personas se ponen a sí mismas.

Dios quiere que lo amemos y que demostremos ese amor preocupándonos por las personas a nuestro alrededor, quiere que seamos amables y generosos y que ayudemos a los que tienen necesidades. Él quiere que defendamos a las personas que no pueden hablar por ellas mismas y que seamos amigos de aquellos que no tienen amigos.

**P:** ¿Por qué el pecado tiene importancia?

**R:** Porque el pecado nos mantiene alejados de Dios.

El pecado echó a perder el mundo perfecto de Dios y todas las relaciones que hay en él.

Al Señor no le gusta cuando las personas mienten o quebrantan leyes importantes, porque, a menudo, un pecado lleva a otro. Dios sabe que, cuando las personas piensan demasiado en ellas mismas, dejan de preocuparse por otros. Con frecuencia, el egoísmo hace que las personas sean celosas y crueles.

Dios no tolera ver que las personas se hagan cosas malas las unas a las otras.

P: ¿Deja Dios de amar a las personas que pecan?

R: No.

Dios creó a las personas para que fueran sus amigos.

Cuando Adán y Eva quebrantaron las leyes de Dios, Él no pudo fingir que eso no había sucedido. Cuando Caín asesinó a su hermano, Abel, Dios no podía decir: "¡Eso está bien!". El Señor no solo es amoroso, sino que es justo, recto y bueno.

El pecado, las cosas malas que sucedieron entonces (y que todavía pasan hoy), debían ser castigadas. Dios estaba enojado y echó a Adán y a Eva del jardín del Edén, pero aun siguió cuidándolos. Caín fue enviado lejos, pero Dios impidió que las personas lo mataran.

P: ¿Hay alguien perfecto?

R: Solo Jesús.

Dios tenía un plan para tratar con el pecado, así podía ser justo y amoroso al mismo tiempo.

Desde la época de Moisés, el sacerdote confesaba todos los pecados del pueblo sobre un cordero que se "llevaría" los pecados del pueblo. Otro cordero se sacrificaría como símbolo del dolor del pueblo a causa de su pecado. Eso se hacía una vez al año.

El plan de Dios era enviar a Jesús, que murió una sola vez en la cruz, llevándose los pecados de todo el mundo para siempre. Cualquiera que desee el perdón de Dios tiene que aceptar que Jesús se llevó el castigo por su pecado.

# Los descendientes de Adán

**P:** ¿Por qué envió Dios el diluvio?

**R:** Porque Dios planeó comenzar todo de nuevo.

Después de que Caín mató a Abel, Adán y Eva tuvieron otro hijo llamado Set. Set y su familia adoraban a Dios. Pero a medida que la Tierra se poblaba de gente, las personas se volvieron de nuevo crueles y egoístas. Dios se lamentó de haber creado al ser humano y decidió destruir la Tierra.

**P:** ¿Salvó Dios a alguien?

**R:** Sí, a Noé y su familia.

Había un hombre que amaba a Dios. Su nombre era Noé. Dios se agradaba de él y le dijo que construyera un arca así él, su familia y todos los animales podían estar a salvo del diluvio.

Después de la gran lluvia, Dios comenzó de nuevo. Les dio a las personas otra oportunidad de amarlo y de preocuparse los unos por los otros y por el mundo. Él prometió que nunca más iba a inundar la Tierra.

P: ¿Por qué se construyó la torre de Babel?

R: Para probar la grandeza del hombre.

Generaciones después, todos se olvidaron otra vez de Dios. En esta oportunidad, usaban las habilidades que habían aprendido solo para pensar en ellos mismos y en lo grandiosos que eran. Y así construyeron una torre enorme. Dios detuvo las cosas antes de que se volvieran aun peores. Él confundió los idiomas, así no podían entenderse y los dispersó por toda la Tierra.

P: ¿Qué le pidió Dios a Abraham que hiciera?

R: Que confiara en Él.

Dios quería una persona, un grupo de personas o una nación que lo amara y que viviera de la forma en la que siempre quiso que lo hiciera. Necesitaba alguien que lo escuchara y que confiara en Él, sin importar lo que sucediera.

Dios sabía que las cosas nunca iban a ser de la forma en la que habían sido antes de que Adán y Eva desobedecieran, pero Abraham escuchaba cuando Dios le hablaba, Abraham confiaba en Dios aun cuando lo que Él quería realmente era difícil de entender. Abraham tenía fe en Dios.

# El Pueblo de Dios

**P:** ¿Qué le prometió Dios a Abraham?

**R:** Muchos descendientes.

Dios le prometió a Abraham más descendientes que las estrellas que podía contar en el cielo. Dios le dijo que Él lo guiaría a un lugar en el que podría comenzar una nación y un pueblo nuevos.

Abraham era un hombre de mucha edad y no tenía hijos, pero obedeció a Dios y dejó su hogar para ir a una tierra nueva de la cual no sabía nada. Abraham confiaba en Dios, aunque su esposa era anciana y dudaba de que ellos pudieran tener hijos. Dios guardó su promesa y Sara dio a luz a su hijo Isaac.

**P:** ¿Quiénes eran los patriarcas?

**R:** Abraham, Isaac y Jacob.

Abraham quería que Isaac encontrara esposa dentro de su propio pueblo, que tuviera las mismas creencias y costumbres. Así que Isaac se casó con Rebeca, la nieta del hermano de Abraham.

Isaac y Rebeca tuvieron gemelos, Esaú y Jacob. Jacob engañó a su hermano y a su padre, haciendo que Isaac lo bendiga a él en vez de a Esaú, el hijo mayor.

Cada familia enseñó a sus hijos a confiar en el Señor. A través de esas tres familias, el pueblo de Dios creció como Él le había prometido a Abraham. Al principio, fueron nómades, vivían en carpas y llevaban las familias, las ovejas, las cabras, los camellos y los burros a cualquier lugar en el que hubiese agua fresca y comida.

P: ¿Cuándo se convirtió el Pueblo de Dios en "los israelitas"?

R: Después de la muerte de Jacob.

Jacob tuvo doce hijos y una hija. Cada uno de los hijos se convirtió en el jefe de una familia numerosa con muchos descendientes. Dios le dio un nombre nuevo a Jacob y lo llamó Israel. Entonces, el Pueblo de Dios fue conocido por las naciones que lo rodeaban como los hijos de Israel o "los israelitas".

Al momento de la muerte de Jacob, los israelitas vivían en Egipto y los egipcios los habían convertido en esclavos.

P: ¿Dónde estaba la tierra prometida?

R: En Canaán.

Canaán era una tierra fértil que La Biblia describe como un lugar en el que fluía leche y miel. Se extendía a lo largo de la costa este del mar Mediterráneo hasta el río Jordán, el sur del Líbano y el norte de Egipto.

Dios llamó a Moisés para que guiara a su Pueblo fuera de Egipto hacia la tierra que Él les había prometido. El rey de Egipto no quería dejarlos ir, pero después de que Dios enviara varias plagas a los egipcios, los israelitas escaparon hacia la tierra prometida a través del Mar Rojo.

# Las leyes de Dios

**P:** ¿Cuántas leyes le dio Dios a Moisés?

**R:** Diez.

Dios sabía que su Pueblo necesitaba un conjunto claro de leyes que lo ayudara a obedecerlo y a cuidarse los unos a los otros. Él llamó a Moisés al Monte Sinaí y le dio diez leyes o mandamientos. El Señor les prometió guiarlos y cuidarlos siempre, si ellos seguían esas leyes.

**P:** ¿Cuándo dio Dios esas leyes?

**R:** Cuando los israelitas estaban en el desierto.

Dios había liberado a su Pueblo de la esclavitud de Egipto. Ahora necesitaba apartarlos de todas las otras naciones que estaban alrededor de ellos. Entonces, las personas verían que el Pueblo de Dios era diferente, un pueblo santo que era como el Dios en quien ellos confiaban y a quien seguían.

Dios escribió los diez mandamientos en dos piedras grandes.

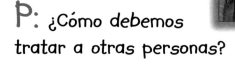

**P:** ¿Qué dicen las leyes sobre Dios?

**R:** Que Él es santo y especial.

El primer mandamiento es este: "No adores a ningún otro dios excepto a mí". Y el segundo mandamiento es: "No hagas ningún ídolo ni lo adores".

En el tercero, Dios le dice a su Pueblo: "No uses mi nombre para jurar". El cuarto mandamiento trata acerca de guardar un día a la semana como especial para descansar y adorar a Dios, así como Él descansó después del trabajo de la creación.

**P:** ¿Cómo debemos tratar a otras personas?

**R:** Con amor y respeto.

El quinto mandamiento está relacionado a cómo debemos tratar a nuestros padres: "Respeta a tu padre y a tu madre".

Los mandamientos seis a diez se refieren a cómo comportarnos con otras personas: "No mates. Sé fiel en el matrimonio. No robes. No digas mentiras sobre otros. No desees demasiado algo que le pertenece a otras personas como para que pierdas la amistad con ellos".

# Las promesas de Dios

**P:** ¿Por qué Dios hizo promesas?

**R:** Porque Dios amaba a su Pueblo.

Desde el principio, el Señor hizo cosas buenas. Él creó a las personas y les dio el don de la vida, la capacidad de tener parte con Él en la creación al tener hijos, el alimento que necesitaban y un lugar para vivir.

La gente traicionó la confianza de Dios cuando desobedecieron su única ley. Pero Él nunca se dio por vencido. El Señor hizo acuerdos con ellos y sus descendientes, en los que les prometía cosas buenas para ellos siempre y cuando obedecieran ciertas leyes, o reglas cuyo propósito era que pudieran vivir juntos en paz.

**P:** ¿Qué surgió de la promesa de Dios a Abraham?

**R:** Una nueva nación, el Pueblo de Dios.

Toda la nación de Israel descendía de Abraham.

Dios le prometió a uno de sus descendientes, el Rey David, que de su familia provendría un Rey, el cual reinaría para siempre. El Señor cumplió su promesa y muchas generaciones después nació ese rey. Su nombre fue Jesús.

**P:** ¿Qué sucedió cuando el Pueblo quebrantó el acuerdo?

**R:** El Pueblo fue castigado.

Dios prometió liberar a su Pueblo de la esclavitud en Egipto, pero cuando lo hizo, ellos se quejaron de que tenían hambre. Entonces el Señor les proveyó comida y agua, pero pronto se quejaron otra vez de que el alimento no tenía sabor y dijeron que preferían volver a ser esclavos otra vez en Egipto.

¡Incluso mientras Dios le daba a Moisés los diez mandamientos, el Pueblo se sentía tan impaciente que hizo un becerro de oro para adorarlo en lugar de Dios!

Como castigo, los israelitas vagaron por el desierto durante cuarenta años en lugar de vivir en su hogar en Canaán.

**P:** ¿Por qué Dios envió profetas?

**R:** Para darle al Pueblo otra oportunidad.

Dios cumplió sus promesas, pero continuamente su Pueblo no cumplía con su parte del acuerdo. No confiaban en Él.

Entonces el Señor envió profetas, hombres y mujeres inspirados por Él para hablarle al Pueblo, para alentarlos y, a menudo, para advertirles que cambiaran sus caminos. Pero generación tras generación, ellos ignoraron las advertencias de los profetas.

Los israelitas fueron derrotados por sus enemigos y finalmente fueron exiliados, enviados lejos de sus hogares y gobernados por otros países.

# Los profetas

**P:** ¿Quién nombró como profetas a ciertas personas?

**R:** Dios.

Nunca nadie se ofreció voluntariamente para ser profeta. Dios eligió a las personas que Él sabía que llevarían su Palabra a su Pueblo en el momento que Él quisiera. Muchas de ellas pensaron en razones de por qué otras personas deberían hacerlo.

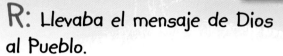

Moisés le pidió al Señor que en lugar de a él, usara a su hermano Aarón. Elías sufrió de depresión. Isaías dijo que él no era merecedor y Jeremías, que era demasiado joven. ¡Jonás huyó porque no quería llevar el mensaje de Dios!

**P:** ¿Qué hacía un profeta?

**R:** Llevaba el mensaje de Dios al Pueblo.

Los profetas fueron llamados para advertir al Pueblo sobre lo que podría pasar.

La Palabra de Dios vino a profetas como Elías. El Señor les habló a algunos, como Isaías y Ezequiel, por medio de sueños o visiones. Miqueas dijo ser inspirado por el Espíritu Santo.

Lo que todos ellos tenían en común era que confiaban en Dios en momentos en que otros no podían escucharlo. Dios los usó para darles a las personas otra oportunidad de arrepentirse, de disculparse, de pedir perdón y de cambiar.

**P:** ¿Por qué era difícil ese trabajo?

**R:** ¡Porque casi nadie escuchaba!

La mayoría de los profetas, como Jeremías, fueron perseguidos o burlados. Algunos, como Elías, estuvieron en riesgo de perder su vida. Casi todos ellos fueron ignorados por la mayoría de la gente hasta que fue demasiado tarde.

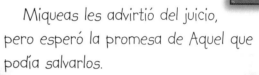

Sin embargo, Jonás huyó, no por temor a los asirios, ¡sino porque sabía que ellos podrían arrepentirse cuando oyeran el mensaje! Jonás pensaba que ellos merecían el castigo de muerte y no podía entender que Dios amaba tanto a las personas que quería perdonarlas y no destruirlas.

**P:** ¿Qué mensaje traían los profetas?

**R:** "Arrepiéntanse, cambien sus caminos y confíen en Dios".

Elías le advirtió al rey Acab que dejara de adorar ídolos hechos de piedra, que se volviera a Dios y confiara solo en Él. Isaías y Jeremías le advirtieron al Pueblo que Dios no los protegería de otras naciones si seguían siendo crueles e injustos y si continuaban adorando a otros dioses. Amós les advirtió que Dios no quería más fiestas religiosas, cantos y sacrificios, y que en cambio quería que fueran amables y justos en todo lo que hicieran.

Miqueas les advirtió del juicio, pero esperó la promesa de Aquel que podía salvarlos.

# Jesús

**P:** ¿Quién es Jesús?

**R:** Jesús es el Hijo de Dios.

Jesús siempre existió. Él estaba con Dios cuando creó el mundo y le dio vida a todo lo que hizo.

A Jesús también se lo llama Cristo. Este no es su apellido, sino que significa "el Ungido" en griego. También se lo llama el "Mesías", que tiene el mismo significado en hebreo. Cuando Jesús nació, Dios se hizo hombre y tomó la forma humana. Jesús fue el elegido por Dios para salvar a las personas del pecado y para mostrarles cómo ser amigos del Padre.

**P:** ¿Cuándo vivió Jesús?

**R:** Hace unos dos mil años.

Jesús nació cuando Herodes era rey de Judea, César Augusto estaba al frente del Imperio Romano y Quirinio era gobernador de Siria.

Nació en un pequeño lugar del Imperio Romano llamado Palestina, dentro de una familia trabajadora común y corriente. José, el padre terrenal de Jesús (leeremos sobre él en la página 26), era carpintero en Nazaret, así que Jesús creció allí.

**P:** ¿Cómo era Jesús?

**R:** Cariñoso, compasivo, valiente y bueno.

Jesús nació en el Medio Oriente, así que probablemente tuviera el cabello y la piel muy oscuros, ojos pardos y usara barba.

Los evangelios nos dicen que Jesús se hizo amigo de recolectores de impuestos como Mateo y Zaqueo a quienes otras personas odiaban, y de leprosos que otros evitaban. Él se preocupaba por las necesidades de las personas y en muchas ocasiones se aseguró de que la gente con hambre tuviera comida.

Jesús fue tentado a hacer el mal al igual que nosotros, pero Él no pecó. Jesús eligió tener una muerte dolorosa para salvar a otros, cuando podría haber escapado.

**P:** ¿Qué enseñó Jesús?

**R:** Sobre Dios y cómo amarlo.

Jesús les enseñó a las personas a amar a Dios primero y segundo a amar a otras personas tanto como a sí mismas.

Él dijo que si nosotros queremos ser perdonados por Dios, tenemos que perdonar a aquellos que nos han hecho cosas malas. Dijo que deberíamos estar comprometidos a ayudar a los pobres.

Casi todos pensaron que Jesús era un maestro asombroso. A menudo, usaba historias o parábolas para ayudar a la gente a entender lo que antes nunca habían comprendido.

# El nacimiento de Jesús

**P:** ¿Quién era la madre de Jesús?

**R:** La virgen María.

El ángel Gabriel le dijo a María que ella tendría un hijo que sería llamado el Hijo de Dios. Ella iba a quedar embarazada por el poder del Espíritu Santo. Era un milagro.

María era muy joven todavía y seguramente estaba muy asustada, pero amaba a Dios y estaba dispuesta a ser la madre de Jesús.

**P:** ¿Cuándo se casó María con José?

**R:** Cuando ella estaba embarazada.

José estaba preparándose para casarse con María antes de que el ángel se apareciera. Cuando María le contó lo que el ángel había dicho, José se entristeció. Él amaba a María, pero pensó que no iba a ser capaz de casarse con ella si iba a tener un niño que no era suyo.

Pero otro ángel se le apareció a José para decirle que María llevaba al Hijo de Dios, que él debía casarse con ella y ser el padre del nuevo bebé. Así que José se casó con ella y la cuidó.

P: ¿Dónde nació Jesús?

R: En un establo en Belén.

María y José vivían en Nazaret, pero tuvieron que viajar a Belén para inscribirse en el libro de registros. Los romanos, que estaban a cargo del país, querían contar a todas las personas con un censo.

La ciudad estaba tan llena que no había lugar donde hospedarse. Como María estaba por dar a luz, el encargado de una posada le permitió usar el establo. Cuando Jesús nació, María hizo una cuna para Él en un pesebre, que es una especie de cajón donde comen los animales.

P: ¿Quién fue a visitar al niño Jesús?

R: Algunos pastores y los reyes magos.

La noche que Jesús nació, un coro de ángeles les contó a algunos pastores que había nacido su Salvador. Se apresuraron a ir a Belén para conocer al recién nacido.

Algún tiempo después, los reyes magos, que habían seguido el movimiento de una estrella especial, llegaron en búsqueda de un nuevo Rey. Le llevaron regalos a Jesús: oro digno de un rey; incienso, que se usaba en la adoración; y mirra, que se utilizaba en los entierros.

# Vivir en el camino de Dios

**P:** ¿Qué enseñó Jesús sobre vivir una vida buena?

**R:** El dijo: "Sean perfectos, como Dios es perfecto".

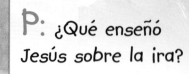

Jesús les enseñó a las personas que Dios quiere grandes cosas de ellos.

Él dijo que nosotros somos la sal del mundo. Necesitamos seguir con atención los caminos del Señor, así otras personas pueden ver que somos diferentes. Si la sal pierde su sabor no es buena para nada.

Jesús también dijo que nosotros somos la luz del mundo. No tenemos que escondernos ni avergonzarnos de nuestra fe, sino que tenemos que asegurarnos de que las personas sepan que amamos al Señor. Entonces otros quizás también vivan como Dios quiere.

**P:** ¿Qué enseñó Jesús sobre la ira?

**R:** Que la ira puede llevar a cosas peores.

La ley de Moisés decía que matar a alguien era malo y que el que lo hacía debía ser castigado. Jesús dijo que no solo el acto de matar está mal, sino también la ira o el odio que llevan a matar. Dios quiere que las personas vivan en paz y que solucionen cualquier desacuerdo rápidamente.

P: ¿Qué enseñó Jesús sobre el perdón?

R: Debemos perdonar sin guardar rencor.

Jesús le dijo a Pedro que el Pueblo de Dios debe aprender a perdonar a otras personas tantas veces como sea necesario, así como nosotros necesitamos el perdón de Dios una y otra vez.

Él contó una historia sobre un hombre que tenía una gran deuda con un rey. El rey le perdonó la deuda, pero después escuchó que ese hombre se negó perdonar a otro que le debía una pequeña cantidad. El rey estaba muy enojado.

Las personas que han sido perdonadas necesitan, a su vez, perdonar a otros.

P: ¿Qué dijo Jesús de las faltas de otras personas?

R: Que no debemos juzgarnos los unos a los otros.

Las personas deben confesar sus propios pecados y pedirle a Dios que los ayude a estar en el buen camino más que preocuparse de los pecados de los demás. De otra manera, Jesús dijo que es como mirar la astilla en el ojo ajeno cuando tienes una viga en el propio. Solo Dios está en posición de juzgar.

Jesús les dijo a las personas que se amaran y se sirvieran los unos a los otros, poniendo siempre a los demás antes que a ellos mismos. Si todos hicieran eso, ¡no habría faltas que encontrar en los demás, nadie con quien enojarse y nadie que necesitara perdón!

# Los milagros

**P:** ¿Por qué Jesús hizo milagros?

**R:** Para mostrar el amor de Dios.

Jesús llamó "señales" a sus milagros, porque mostraban cómo era Dios.

Cuando Jesús calmó una tormenta en un lago, demostró que el Señor tiene el poder de controlar la naturaleza y también que no quería que sus amigos tuvieran miedo.

Cuando las personas eran sanadas o cuando Jesús cambió cinco panes y dos peces para alimentar a cinco mil personas hambrientas mostraba cuánto Dios se preocupaba por ellos.

Cuando Jesús resucitó a Lázaro de la muerte, mostró que Dios tenía poder sobre ella.

**P:** ¿Cómo reaccionaron las personas?

**R:** Con gozo, asombro, temor y celos.

Cuando Jesús transformó el agua en vino durante una boda, su madre estaba gozosa. Ella sabía que Él tenía el poder de Dios para hacer que sucedieran cosas increíbles.

Cuando sanó a un hombre que no podía caminar, las personas se asombraron por su poder. Pero los líderes de la iglesia estaban celosos porque Jesús también le dijo al hombre que los pecados le habían sido perdonados, algo que solo Dios podía hacer. Jesús hizo tanto amigos como enemigos.

Cuando Jesús caminó sobre el agua, sus discípulos se asombraron, pero también tuvieron miedo, porque vieron que tenía el poder de Dios para controlar aun las leyes de la naturaleza.

**P:** ¿Cómo ayudó Jesús a otras personas a través de milagros?

**R:** Les mostró el amor de Dios y sanó a personas que estaban enfermas.

**P:** ¿Por qué los líderes religiosos odiaban a Jesús?

**R:** Porque Jesús se llevó parte de su poder.

El Señor le dio vista a los ciegos, hizo oír a los sordos, sanó a personas de enfermedades de la piel y sanó a un hombre con la mano paralizada. Sanó al siervo de un soldado sin visitar su casa y a una mujer que tocó el borde de su manto.

Jesús incluso levantó a personas de la muerte, entre ellas, a la hija de Jairo de 12 años, al hijo de la viuda de Naín y a Lázaro, el hermano de María y Marta.

Parte del propósito de Jesús de estar en la Tierra era usar el poder de Dios para ayudar a las personas y mostrarles que el Señor quería perdonar a todos los que se arrepintieran de sus pecados.

Los líderes religiosos de la época habían sido poderosos hasta entonces. Cuando Jesús sanó al hombre con la mano paralizada el día de reposo, no quebrantó una de las leyes de Dios, sino una de los líderes religiosos. Jesús dijo que estaba bien hacer cosas buenas ese día. Los líderes religiosos estaban tan enojados que comenzaron a tramar la muerte de Jesús.

# El amor

**P:** ¿A quiénes debemos amar?

**R:** A Dios y a nuestro prójimo.

Jesús les recordó a las personas que debían amar a Dios con todo su corazón, alma y fuerza, y amar a su prójimo tanto como se aman a sí mismos. Si las personas ponen toda su energía en hacerlo, guardarán todos los mandamientos que Dios le dio a Moisés.

Esta clase de amor no trata sobre cómo nos sentimos, sino sobre cómo nos comportamos. Es interesarnos por los demás y ponerlos en primer lugar, aun si no sentimos hacerlo así.

**P:** ¿Quién es nuestro prójimo?

**R:** Cualquiera que necesite de nuestra ayuda.

Jesús contó la historia del buen samaritano para responder a esta pregunta.

Cuando un hombre judío fue golpeado por ladrones y abandonado al costado del camino a punto de morir, dos personas religiosas pasaron a su lado sin ayudarlo, pero un samaritano —un extranjero y enemigo de los judíos— se detuvo, lo llevó a una posada para que lo cuidaran y pagó su tratamiento. Jesús dijo que todos debían mostrar amor por las personas como lo hizo el samaritano.

**P:** ¿Qué dijo Jesús sobre nuestros enemigos?

**R:** Nos dijo que también los amáramos.

Jesús les dijo a sus discípulos que oraran por cualquiera que los tratara mal. Dijo que si alguien los golpeaba en una mejilla, debían volver la otra para que se las golpearan también. Si alguien les pedía caminar con ellos un kilómetro, debían ofrecerle acompañarlo dos.

Cualquiera que ame a Dios debe devolver bien por mal, pues solo entonces mostrarán el amor del Señor, solo entonces serán diferentes a todos los que los rodean y mostrarán que el camino de Dios es el mejor.

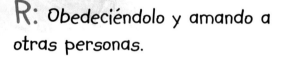

**P:** ¿Cómo podemos amar al Señor?

**R:** Obedeciéndolo y amando a otras personas.

Jesús contó una historia acerca de lo que pasará al final del tiempo. Dios le dará la bienvenida a aquellos que le dieron comida cuando tuvo hambre o bebida cuando tuvo sed. Él se agradará de aquellos que le dieron ropa para vestir y un lugar donde hospedarse cuando no tenía nada, o que lo cuidaron cuando estaba enfermo y lo visitaron en la prisión.

Cuando aquellas personas preguntaron cuándo habían hecho esas cosas por Él, Jesús les respondió que si ellos alguna vez habían hecho algo amable por alguien en necesidad, se lo habían hecho a Él.

# La crucifixión de Jesús

**P:** ¿Qué era la crucifixión?

**R:** Un castigo para los criminales.

Los romanos usaban la crucifixión como una forma de ejecución.

A los criminales se los azotaba y cuando estaban débiles, se los clavaba por las muñecas y los tobillos a una cruz de madera, y se los colgaba a los costados del camino hasta que morían, sedientos y con grandes dolores. Eso podía llevar muchas horas.

**P:** ¿Dónde fue crucificado Jesús?

**R:** En el Gólgota, fuera de las murallas de la ciudad.

Durante el juicio de la noche anterior, Jesús no había dormido. Lo habían golpeado y se habían burlado de Él, así que ya estaba débil cuando cargó la cruz, caminando a tropezones hacia el lugar en el cual las personas eran crucificadas, que quedaba junto al camino principal en las afueras de Jerusalén, en un lugar rocoso que parecía una calavera. Jesús fue crucificado entre dos ladrones.

**P:** ¿Quién quería que crucificaran a Jesús?

**R:** Los líderes religiosos.

Los líderes de los fariseos, el estricto grupo judío, odiaba a Jesús. Ellos tenían muchas más reglas que las que Dios le había dado a su Pueblo. Cuando Él trató de decirle a la gente cuánto los amaba y que solo necesitaban obedecer los diez mandamientos de Dios, los fariseos se enojaron mucho. No podían creer que Jesús tuviera el poder de Dios y que viniera de Él.

**P:** ¿Cuánto tiempo estuvo Jesús en la cruz?

**R:** Seis horas.

Jesús fue clavado en la cruz a las 9 y murió a las 15.

Él le pidió a Dios que perdonara a los hombres que lo habían clavado en la cruz. Cuando uno de los ladrones creyó en Él mientras estaban colgados allí, Jesús le dijo que ese día estaría con Él en el paraíso. Jesús también le pidió a Juan que cuidara a su madre luego de exclamar: "Todo se ha cumplido". Después Jesús murió.

# La muerte y la sepultura de Jesús

P: ¿Murió realmente Jesús?

R: Sí.

Era viernes y los líderes religiosos no querían que nadie estuviera en las cruces en el día de reposo. Le preguntaron a Pilato, el gobernador romano, si podían quebrar las piernas de los hombres para hacerlos morir más rápidamente y así poder bajar los cuerpos.

Los soldados quebraron las piernas de los dos ladrones, pero cuando se acercaron a Jesús, vieron que ya estaba muerto. Entonces, un soldado le abrió el costado con una lanza y le brotó sangre y agua.

P: ¿Qué pasó después de que Jesús murió?

R: Lo pusieron en una tumba que pertenecía a otra persona.

Después de que Jesús murió, José de Arimatea, un discípulo rico, le preguntó a Pilato si podía llevarse el cuerpo para sepultarlo. Envolvió el cuerpo en una sábana limpia. Después, José puso el cuerpo de Jesús en un sepulcro que estaba cavado en una roca y luego se tapó la entrada con una piedra enorme y pesada. Los fariseos se acordaron de que Jesús había dicho que iba a resucitar, así que le pidieron a Pilato que pusiera guardias fuera de la tumba para evitar que alguien robara el cuerpo y afirmara que había resucitado.

**P:** ¿Qué logró la muerte de Jesús?

**R:** Perdón para todos los que confíen en Él.

Lo que pasó el viernes santo, cuando Jesús murió en la cruz, fue horrible. Él no merecía morir tan cruelmente. Pero su muerte era parte de un plan que Dios tuvo desde el principio para tratar con el problema del pecado.

Dios envió a Jesús para que fuera el Salvador del mundo. Cuando Él murió, tomó el castigo que cada pecador debería tener. Jesús rescató al mundo de la muerte. Esto significó que todos los que confíen en Él serán perdonados.

**P:** ¿Cómo puedo ser perdonado?

**R:** Creyendo que Jesús murió en tu lugar.

Cualquiera que sabe que ha hecho cosas malas y acepta que Jesús murió en la cruz llevándose sus pecados, será perdonado. El apóstol Pablo y su amigo Silas le dijeron al carcelero en Filipos que él podía ser salvo si creía y era bautizado.

Pablo también le dijo a la Iglesia en Roma que todos pecamos y necesitamos que Dios nos perdone. Ahora el Señor ofrece el don gratuito del perdón y la vida eterna a cualquiera que crea en Él.

# La resurrección de Jesús

**P:** ¿Qué encontraron las mujeres en el primer día de Pascua?

**R:** Que Jesús ya no estaba muerto.

Muy temprano el domingo por la mañana, el tercer día después de la muerte de Jesús, algunas mujeres fueron a la tumba a ungir el cuerpo con hierbas y especias. Pero vieron que la enorme piedra de la entrada había sido corrida y que el cuerpo de Jesús no estaba. Dos ángeles se les aparecieron y les dijeron: "Jesús no está aquí. ¡Ha resucitado!". Las mujeres corrieron a contarles a los discípulos la maravillosa noticia.

**P:** ¿Quién fue la primera persona en ver a Jesús vivo?

**R:** María Magdalena.

María Magdalena permaneció al lado del sepulcro sintiéndose muy preocupada al principio, porque no podía entender lo que había ocurrido. Después se encontró en el jardín con un hombre que creyó que era el jardinero. Cuando Él dijo su nombre, ella supo inmediatamente que era Jesús, ¡que había resucitado de la muerte y que estaba vivo!

**P:** ¿Era Jesús un fantasma?

**R:** No, pero tenía una nueva clase de cuerpo.

Después del día de Pascua, Jesús aparentó en la habitación en la que sus amigos estaban, aunque la puerta estaba cerrada. Jesús también desapareció de repente sin usar una puerta ni una ventana.

Pero Jesús no era un fantasma. Él les mostró a sus discípulos las marcas de los clavos en sus manos. Invitó a Tomás a tocarlo. Jesús comió pan y pescado con sus discípulos y preparó una comida para ellos en la playa después de haber pescado una noche.

**P:** ¿Permaneció Jesús en la Tierra?

**R:** No, Él volvió al cielo.

Jesús fue visto por María Magdalena, once de los doce discípulos, dos amigos que caminaban hacia Emaús y más de quinientos creyentes. Él habló y comió con ellos durante cuarenta días.

Finalmente, se encontró con sus amigos en una montaña en Galilea. Les dijo que permanecieran en Jerusalén y esperaran a que viniera el Espíritu Santo y les diera poder, así le podían contar a todo el mundo sobre Él. Después, una nube cubrió a Jesús y lo llevó al cielo.

Cuando la nube desapareció, dos hombres de blanco estaban allí de pie y dijeron: "Jesús ha sido llevado al cielo".

# El Espíritu Santo

**P:** ¿Quién es el Espíritu Santo?

**R:** Es la presencia de Dios en la Tierra.

Dios el Padre, Dios el Hijo y Dios el Espíritu Santo son uno. La Trinidad es el nombre para los tres juntos.

Así que el Espíritu Santo es Dios. Siempre ha existido. Estaba allí cuando el mundo fue creado y se movía sobre las cosas creadas. Como el viento, que lo sentimos aunque no podemos verlo, el Espíritu Santo está presente y podemos conocerlo.

**P:** ¿Qué pasó en Pentecostés?

**R:** El Espíritu Santo descendió sobre los creyentes.

Jesús prometió que el Espíritu Santo vendría a ayudar a los creyentes después de que Él volviera con su Padre al cielo. Cuando se reunieron en Jerusalén para Pentecostés, escucharon un sonido como de un viento fuerte y vieron algo que parecían llamas de fuego sobre cada uno de ellos. El Espíritu Santo les dio poder para hablar en una nueva lengua y para ser lo suficientemente valientes como para hablar de Jesús a todos los extranjeros que viajaban a Jerusalén por la celebración.

P: ¿Qué hace el Espíritu Santo?

R: Ayuda y da poder al Pueblo de Dios.

Jesús describió al Espíritu Santo como el "Ayudador". El Espíritu Santo les da a las personas el poder y la sabiduría del Señor para hacer su obra. Las ayuda a ser más como Jesús. Les muestra cómo es Dios, recordándoles su Palabra y ayudándolos a reconocer cuando ellos han hecho algo malo. El Espíritu Santo también ayuda a las personas a orar.

P: ¿Cómo ayuda el Espíritu Santo a la Iglesia?

R: Él da muchos dones diferentes.

El apóstol Pablo les dijo a los creyentes en Corinto que el Espíritu Santo les daría poder para obrar milagros, para sanar, para predicar, para enseñar, para tener fe, para profetizar, para comprender lo que Dios dice, para hablar y entender distintas lenguas y para ayudar a otras personas.

Pablo dijo que el Espíritu Santo da diferentes dones a todos en la Iglesia, así ellos pueden ayudarse y alentarse mutuamente. Cada uno de ellos es importante.

# La Iglesia

**P:** ¿Qué es una iglesia?

**R:** Un grupo de cristianos.

Aunque generalmente usamos la palabra "iglesia" para hablar de un edificio, en realidad cualquier reunión de creyentes es una iglesia, sin importar el lugar en el que se encuentren reunidos. A los primeros creyentes, que se reunieron en Jerusalén después de que viniera el Espíritu Santo, generalmente se los llama la Iglesia primitiva. Pedro era el líder de los primeros cristianos. Él describió a la Iglesia como edificada sobre "piedras vivas": eran personas, no edificios.

**P:** ¿Quién puede pertenecer a la Iglesia?

**R:** Cualquiera que confíe en Jesús.

El apóstol Pablo le dijo a la Iglesia en Gálatas que todos los creyentes son iguales: hombres y mujeres, judíos o de cualquier otra nacionalidad, esclavos o libres, todos son hijos de Dios y por lo tanto una familia de hermanos y hermanas de dondequiera que vengan.

P: ¿Cuál es el propósito de la Iglesia?

R: Alentarnos unos a los otros.

La Iglesia primitiva se reunía para adorar a Dios, orar, cantar himnos, alentarse y ayudarse unos a otros. Comían juntos, compartían todo lo que tenían y daban dinero al pobre.

La Iglesia hace lo mismo hoy, al ayudar a los cristianos a vivir como Pueblo de Dios durante toda la semana. La Iglesia se reúne en edificios o catedrales, en hogares, en centros comunitarios o en escuelas. En algunos países, es ilegal ser cristiano y la Iglesia tiene que reunirse en secreto.

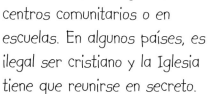

P: ¿Por qué existen diferentes tipos de iglesias?

R: Porque a las personas les gusta adorar a Dios en diferentes formas.

A algunas personas le gustan los servicios formales y los tiempos de quietud, mientras que a otras le gusta tener más libertad. Encontrar la iglesia correcta significa elegir a las personas que nos ayudarán a servir a Dios de la mejor manera. También significa encontrar el lugar en el que podremos usar los dones que Dios nos ha dado.

Pablo describe la Iglesia como el Cuerpo de Cristo. Está hecha por muchas partes, no solo por una: un cuerpo no es todo orejas o brazos. También existen los ojos y la boca, las manos y los pies. Cada parte tiene un trabajo que hacer, un don para usar para hacer algo útil para Dios.

# El bautismo

P: ¿Quién bautizó a sus seguidores?

R: Juan el Bautista, que preparaba el camino para Jesús.

Cuando las personas venían a Juan, él les decía que necesitaban arrepentirse, pedir perdón por sus pecados y ser bautizados en el río Jordán. A partir de ese momento, debían cambiar su estilo de vida y vivir como Dios quería.

La gente se metía en el río y Juan la sumergía bajo el agua, no para limpiar la suciedad, sino que el agua era un símbolo de que sus pecados eran perdonados.

P: ¿Por qué fue bautizado Jesús?

R: Jesús sabía que eso era lo que Dios quería.

Jesús le pidió a Juan el Bautista que lo bautizara en el río Jordán. Juan sabía que Jesús no tenía ningún pecado que confesar. Sabía que Él era el Salvador que Dios había prometido. ¡Incluso dijo que sería mejor que Jesús lo bautizara a él!

Pero Juan hizo lo que el Señor le pidió. Cuando Jesús salió del agua, se escuchó una voz del cielo que dijo: "Este es mi Hijo con quien estoy muy contento".

P: ¿Qué significa el bautismo?

R: El agua se utiliza como símbolo del lavamiento de los pecados.

P: ¿Quién puede ser bautizado en la actualidad?

R: Cualquier persona que quiera seguir a Jesús.

Jesús les dijo a sus amigos que hicieran discípulos alrededor del mundo y que los bautizaran. En el Día de Pentecostés, Pedro le dijo a la gente que siguiera los caminos de Dios y que fuera bautizada así sus pecados podían ser perdonados. ¡Tres mil personas fueron bautizadas ese día!

Cualquiera puede ser bautizado si cree que Jesús murió por él y quiere vivir de la manera que Él le enseñó a sus discípulos.

Los adultos o los nuevos cristianos pueden hacer sus promesas de seguir a Jesús. Pueden ser bautizados en un bautisterio, una piscina o un río. Son sumergidos bajo el agua como símbolo de haber muerto a su antigua vida y salen del agua como símbolo de nacer para vivir una nueva vida con Jesús.

# La comunión

P: ¿Por qué los creyentes celebran la comunión o Santa Cena?

R: Jesús les dijo a los discípulos que así lo hicieran.

La noche antes de morir, Jesús tuvo la última cena con los doce discípulos. Tomó algo de pan, lo partió y lo compartió con sus amigos, diciendo: "Este pan es mi cuerpo que doy por ustedes. Tómenlo y cómanlo". Después, Jesús tomó una copa de vino y dijo: "Esta es mi sangre derramada por ustedes".

Jesús les dijo a sus amigos que lo recordaran toda vez que juntos comieran el pan y bebieran el vino.

P: ¿Qué pasa en la comunión?

R: Los creyentes recuerdan la muerte de Jesús.

Desde la época de la Iglesia primitiva, los creyentes partieron el pan y tomaron el vino de una forma especial para recordar a Jesús como Él les había dicho, y también recordar el sacrificio en la cruz.

La mayoría de las iglesias cristianas todavía recuerdan a Jesús con regularidad por medio de un servicio de comunión. Quizás se lo llame la Cena del Señor, o la Eucaristía, y a los creyentes se los invita a comer el pan y a beber un sorbo de vino o de jugo en memoria de Jesús.

**P:** ¿Quiénes pueden participar en el servicio de la iglesia?

**R:** Los creyentes que han declarado su fe abiertamente.

El servicio de la comunión es muy especial. Cuando los creyentes comen el pan o beben el vino, toman parte en algo especial. Admiten que saben que son pecadores y que necesitan el perdón y la fortaleza de Jesús para vivir de la forma en que Dios quiere que lo hagan. Muestran que quieren agradecerle a Jesús por haber muerto en su lugar.

Muchas iglesias quieren que los creyentes se bauticen, que confirmen o declaren su fe en un servicio especial una vez antes de participar de forma regular en la comunión.

**P:** ¿Qué más sucede en el servicio de la iglesia?

**R:** Hay lectura de La Biblia, oraciones, cantos y una prédica.

A menudo, se leerán uno o más pasajes de La Biblia. Se harán oraciones para cualquiera que necesite ayuda, y canciones o himnos que alaben a Dios. También habrá un mensaje breve sobre una versículo bíblico para las personas que estén allí.

Las diferentes iglesias incluirán esas cosas en distintos momentos del servicio.

# La oración

**P:** ¿Qué es la oración?

**R:** Una conversación con Dios.

Las personas deberían alabar a Dios y decirle cuánto lo aman. Deberían pedir perdón por las cosas que hicieron mal y agradecerle al Señor por todas las cosas que Él ha hecho por ellos.

Jesús dijo que cuando las personas oran deberían recordar que Dios es como un padre que quiere dar cosas buenas a sus hijos. El Señor sabe qué necesitamos antes de que se lo pidamos.

Debemos usar palabras sencillas, estar atentos a una respuesta y confiar en que Él va a hacer lo mejor.

**P:** ¿Qué es el Padre Nuestro?

**R:** Un modelo de oración que Jesús le enseñó a sus amigos.

Padre nuestro que estás en el cielo,
santificado sea tu nombre,
venga tu reino,
hágase tu voluntad
en la tierra como en el cielo.
Danos hoy nuestro pan de cada día.
Perdónanos por hacer mal,
como también nosotros perdonamos a los que nos han hecho mal.
Y no nos dejes caer en tentación, y líbranos del maligno... (Mateo 6:9-13).

**P:** ¿Cuándo debemos orar?

**R:** ¡Cada vez que queramos!

Puedes hablar con Dios en cualquier momento. Y Él quiere que lo hagas. Aunque lo mejor es tener un momento especial al menos una vez por día para hablar con Él. Podemos orar cuando estamos tristes, cuando estamos alegres, cuando necesitamos ayuda para nosotros o para otras personas. Podemos darle las gracias, decirle que nos perdone y que lo necesitamos. Jesús oró a Dios con frecuencia cuando estaba en la Tierra, así que nosotros podemos y debemos hacerlo también.

**P:** ¿Cómo debemos orar?

**R:** Hablando y escuchando a Dios.

Podemos orar en cualquier lugar (en voz alta o en silencio) en cualquier momento y sin importar lo que estemos haciendo. Podemos arrodillarnos para mostrar que queremos servir a Dios o podemos cerrar nuestros ojos para no distraernos... pero no estamos obligados a hacer estas cosas.

Solo hablemos con Dios como lo haríamos con nuestro mejor amigo o un padre amoroso. Lo más importante es ser honesto con Él, sin fingir. Contémosle cómo nos sentimos. ¡Él sabe lo que pensamos! Acordémonos de escucharlo.

# El dinero

**P:** ¿Para qué es el dinero?

**R:** Para obtener lo que necesitamos para vivir.

En el Antiguo Testamento, Jacob prometió que, si Dios le daba la comida y la vestimenta que necesitaba, él le devolvería el 10% de sus ganancias..

El rey David reconoció que todo lo que él tenía venía de parte de Dios, y que él solo lo cuidaba, devolviéndole una parte al Señor para que Él pudiera usarlo.

Jesús le dijo a sus discípulos que ellos no debían preocuparse por lo que iban a comer o vestir, porque Dios les daría todo lo que ellos necesitaran.

**P:** ¿Pueden las personas ricas ser amigas de Jesús?

**R:** Sí, pero puede ser difícil.

Un hombre rico se acercó a Jesús y le preguntó: "¿Qué es lo que debo hacer para tener la vida eterna?". Jesús estaba contento porque el hombre guardaba los mandamientos de Dios, pero le pidió que hiciera una cosa más: vender todo y darle el dinero a los pobres.

El hombre era muy rico y se marchó muy triste. Si la alternativa era entre Dios y el dinero, él amó más el dinero. Jesús dijo que era difícil que los ricos entraran al Reino de Dios.

**P:** ¿Cómo debemos dar nuestras ofrendas?

**R:** Con alegría.

El apóstol Pablo dijo que Dios ama a las personas que están felices cuando dan dinero para ayudar a otros. No se trata tanto de cuánto damos, sino de si necesitamos lo que nos queda.

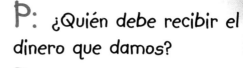

Jesús observó a una mujer pobre que dio sus últimas monedas para la obra del templo. Él dijo que la pequeña cantidad valía más porque otros habían dado lo que les sobraba en cambio ella había dado todo.

**P:** ¿Quién debe recibir el dinero que damos?

**R:** Cualquiera que lo necesite.

El apóstol Pablo les dijo a los primeros cristianos que Dios les había dado lo suficiente, así que ellos debían compartir con cualquiera que necesitara ayuda. Por eso los alentó a dar generosamente y a ofrecer hospitalidad a otras personas. Pablo también dijo que aquellos que den mucho recibirán mucho, pero los que den poco recibirán poco.

Los cristianos en la actualidad dan dinero para muchas causas: su propia iglesia y los que trabajan allí, organismos locales, misioneros y personas que trabajan para Dios, y a gente de otros países que están en necesidad.

# Seguir a Jesús

**P:** ¿Cómo puede la gente seguir al Señor en la actualidad?

**R:** Viviendo de la forma en la que Jesús quiere que lo hagan.

Pablo envió una carta a la iglesia en Colosas. Él dijo: "Ahora ustedes son cristianos, por eso ya no deben estar enojados, sentir odio, ni decir cosas poco agradables sobre otras personas". En cambio, deben ser amables, cariñosos, humildes y pacientes. Perdonen a todos aquellos que les hagan daño. Lo más importante es amarse los unos a los otros".

**P:** ¿Qué cosas buenas deben hacer los creyentes?

**R:** Ser honestos, justos y amables con los demás.

Cuando Zaqueo, el recolector de impuestos, se encontró con Jesús, dejó de engañar a las personas y de robarles. Zaqueo prometió devolverle a todos más de lo que había tomado de ellos y compartir lo que tenía con los pobres.

Una vez que las personas conocen a Jesús, sus vidas cambian. Quieren hacer cosas buenas. Los discípulos de la Iglesia primitiva compartían lo que tenían, eran amables entre sí y les daban a las personas cosas que necesitaban. En la actualidad, las personas pueden ayudar a una gran variedad de entidades de beneficencia o a alguien que necesite ayuda.

**P:** ¿Cómo debe ser un cristiano?

**R:** Debe ser como Jesús.

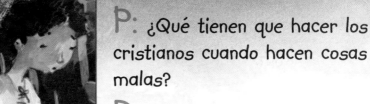

El apóstol Pablo le dijo a la Iglesia en Galacia que el Espíritu Santo ayudaría a los cristianos a ser como Jesús. Las características son: ser afectuoso, feliz, pacificador, paciente, amable, bueno, fiel, gentil y tener templanza.

Los cristianos no se perfeccionan de la noche a la mañana, sino que sus vidas cambian de forma gradual como resultado de conocer a Jesús y de escuchar lo que Dios quiere de ellos.

**P:** ¿Qué tienen que hacer los cristianos cuando hacen cosas malas?

**R:** Deben contárselo a Dios y pedirle perdón.

Dios promete perdonar a las personas si ellos realmente se arrepienten y confiesan sus pecados. Para agradecerle a Dios por su perdón, es importante vivir de la forma en que Él desea. Pablo le dijo a la Iglesia en Roma que una vez que se convertían en creyentes estarían más conscientes de lo que es el pecado y serían tentados a continuar haciendo las cosas que ellos sabían que estaban mal.

# El sufrimiento

**P:** ¿Por qué hay sufrimiento en el mundo?

**R:** Porque las personas eligen hacer el mal.

Dios creó a Adán y a Eva de forma tal que pudieran elegir escuchar a Dios o no. Ellos eligieron ir por el camino propio en lugar del de Dios. Cuando Adán y Eva pecaron, el mundo dejó de ser perfecto. Cuando Dios los echó del Edén, experimentaron el primer sufrimiento.

Los celos de Caín, el hijo de Adán y Eva, causaron la muerte de Abel, su hermano. Desde entonces, mucho sufrimiento fue causado porque las personas eligen hacer cosas que lastiman a otros en lugar de hacer cosas buenas como Dios quiere.

**P:** ¿Por qué las personas mueren en la pobreza?

**R:** Porque los ricos no comparten su riqueza.

Dios hizo un mundo en el que abundaban las cosas buenas. Él nos dijo que no fuéramos avaros, sino que compartiéramos lo que tenemos y que nos preocupáramos por otras personas, en especial, si necesitan de nuestra ayuda. Nadie puede obligar a otros a compartir si ellos quieren guardar las cosas para sí mismos, entonces los pobres sufren y mueren.

**P:** ¿Por qué suceden desastres naturales?

**R:** Porque algunas veces las personas no han cuidado el mundo que Dios creó.

Algunos desastres naturales suceden porque las personas han cortado demasiados árboles, así que hay más inundaciones. La contaminación del medio ambiente causada por personas poco cuidadosas ha destruido el delicado equilibro que hace funcionar al mundo.

En lugar de preocuparse por el mundo, a lo largo de las generaciones, las personas han tomado más de lo que necesitaban sin pensar en las consecuencias para otras personas, naciones o futuras generaciones. Esto ha causado que las capas de hielo se derritieran, que el clima cambie y efectos malos en muchas partes del mundo.

**P:** ¿Se preocupa Dios cuando las personas sufren?

**R:** Sí, Dios odia toda clase de sufrimiento e injusticia.

Las leyes de Dios siempre han atendido las necesidades de los pobres, las viudas, los huérfanos, extranjeros y las personas sin hogar. Dios se enojaba con su Pueblo cuando era injusto, cruel, desconsiderado y avaro. Él envió a Jesús, que tenía compasión por el enfermo y el que estaba triste, y se llevó el dolor y el sufrimiento. Cuando Lázaro murió, Jesús lloró.

Finalmente, Dios sufrió cuando el Señor murió en la cruz. En esa muerte Jesús conoció el dolor, el sufrimiento, la soledad y la pérdida.

# El cielo

**P:** ¿Qué es el cielo?

**R:** Un lugar en el que está Dios.

Jesús enseñó una oración que comienza: "Padre nuestro, que estás en el cielo". Dios está en el cielo.

Jesús dijo que Él vino del cielo y que iba a volver allá. Después de su resurrección, Jesús ascendió al cielo.

El Señor lo describió con la imagen de una casa con muchas habitaciones. Él iba a preparar un lugar para cada uno de aquellos que lo amara. Jesús prometió estar en el cielo con sus amigos.

**P:** ¿Cómo es el cielo?

**R:** Un lugar feliz.

La Biblia describe el cielo como un lugar en el que ya no hay pecado, sufrimiento, tristeza, dolor ni muerte. Dios secará todas las lágrimas.

En el cielo no habrá odio, ni falta de amabilidad, ni amenazas. Tampoco habrá guerras ni peleas, ni celos ni robos. El cielo es un lugar en el que hay paz y donde todos son muy felices. Nada que eche a perder la vida en la Tierra estará en el cielo.

P: ¿Quién estará en el cielo?

R: Cualquier persona que haya confiado en Jesús.

Dios estará allá con su Pueblo y vivirá con ellos. Los creyentes que murieron están en el cielo, viven con Dios y estarán con Él para siempre.

Cuando Tomás, uno de los discípulos, le preguntó a Jesús sobre el camino al cielo, Él respondió: "Yo soy el camino, la verdad y la vida. Nadie llega al Padre sino por mí". Jesús le mostró a la gente el camino para vivir y, a través de su muerte, hizo posible que a cualquiera se le perdonen los pecados y que sea amigo de Dios.

P: ¿Qué puedes llevarte al cielo?

R: Nada, solo a ti mismo.

Jesús contó una historia de un hombre que había pasado la vida haciéndose rico. Creía que así tendría una vida fácil y que luego comería, bebería y sería feliz. Pero murió y no se pudo llevar nada de su riqueza con él. Después de su muerte, otros disfrutaron de las cosas por las que él había trabajado toda la vida.

Jesús dijo que es más importante esforzarse por ser amable, generoso y por ayudar a otras personas porque esas cosas son como tesoros en el cielo, y nada puede echarlos a perder ni oxidarse como le sucede a las cosas en la Tierra.

# La travesía de la fe

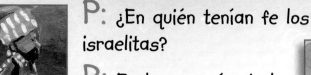

**P:** ¿Qué es la fe?

**R:** Creer y confiar en Dios.

El Señor le pidió a Abraham que confiara en Él. Abraham era muy viejo cuando Dios le pidió que iniciara un largo viaje, pero él obedeció, dejando su casa para ir a una tierra nueva sobre la que no sabía nada. Allá, aun cuando su esposa era demasiado anciana para tener hijos, Sara dio a luz a su hijo Isaac. Abraham creyó y obedeció, y Dios cumplió su promesa.

Algunas veces, Abraham dudó del Señor y le volvió a preguntar si había entendido bien lo que Él le había prometido, pero Abraham sí tenía fe.

**P:** ¿En quién tenían fe los israelitas?

**R:** En la mayoría de los casos, en ellos mismos.

Dios les pidió a los israelitas, la nación judía, que confiaran en Él, así como Abraham lo había hecho. Dios les dio maná para comer, agua para beber y todo lo que necesitaban, junto con la tierra para vivir.

Cuando las cosas salían bien, ellos confiaban en Dios, pero tan pronto como venían las dificultades, buscaban a alguien más en quien creer. Por lo general, creían en los ídolos que adoraban las naciones que los rodeaban. Algunas veces, creyeron en ellos mismos y decidieron que ya no necesitaban a Dios. La travesía de fe los llevó a través del desierto hacia la tierra prometida, luego al exilio y nuevamente de regreso.

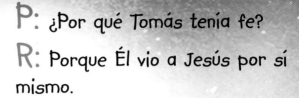

P: ¿Por qué los reyes magos siguieron la estrella?

R: Para encontrar al Rey prometido.

Los reyes magos eran científicos, no creyentes judíos. Ellos estudiaron las profecías y las estrellas, y creyeron que había nacido un nuevo Rey. Se arriesgaron haciendo un largo viaje desde Oriente hasta que encontraron a Jesús. Cuando llegaron a Belén, supieron que habían encontrado a Aquel que buscaban. Entonces le entregaron lo que tenían. Le ofrecieron regalos y lo adoraron.

P: ¿Por qué Tomás tenía fe?

R: Porque Él vio a Jesús por sí mismo.

Después de la resurrección, todos los discípulos vieron a Jesús excepto Tomás. Él no creería hasta ver por sí mismo a Jesús resucitado. Tomás creyó cuando Jesús se le acercó. El Señor dijo: "Dichosos los que no han visto y sin embargo creen".

Cualquiera que haya puesto su fe en Dios es una de esas personas dichosas. No han visto por sí mismas, pero han confiado en los relatos de los testigos. La fe comienza cuando las personas aprenden sobre el Señor y deciden que están seguras de que pueden confiar en Él. Es el comienzo de la travesía.

# ¿Por qué estoy acá?

**P:** ¿Sabe Dios quién soy yo?

**R:** Sí. Él te creó y te ama.

Dios creó a todas las personas y las conoce. El rey David escribió una canción en la cual dijo que Dios lo conocía desde que estaba en el vientre de su madre y ya había planeado las cosas buenas que él iba a hacer algún día.

Por lo tanto, cada persona es especial. Dios espera que todos lleguen a conocerlo y, como Jesús les dijo a las personas en la historia de la oveja perdida, Dios, el Pastor, no estará feliz hasta que la última persona esté a salvo y en el lugar en el que debería estar.

**P:** ¿Cómo puedo saber que Dios me ama?

**R:** Él entregó a Jesús a morir en la cruz por ti.

El plan de Dios desde el principio fue que las personas lo conozcan y lo amen. Cuando ellos pecaron, Dios se dio a la tarea de redimirlos, rescatándolos y arreglando la situación.

Cuando Jesús murió en la cruz, redimió a las personas que Él había creado porque las amaba. Jesús murió una vez y eso fue suficiente. Dios invita a todos a ser perdonados, a comenzar de nuevo y a ser sus amigos.

P: ¿Qué puedo darle a Dios?

R: A ti mismo, todo lo que eres y todo lo que tienes.

Todos tenemos algo que Dios puede usar. Él nos dio dones a todos. El Señor puede usar cualquier cosa que alguien le entregue y hacer grandes cosas con eso.

Cuando Jesús quiso encontrar comida para más de cinco mil personas hambrientas, un niño ofreció su almuerzo de cinco panecillos y dos peces. Jesús tomó aquella comida y, mediante un milagro, alimentó a todas las personas que estaban allí, ¡y sobró alimento!

P: ¿Cuál es el propósito de la vida?

R: Amar a Dios y guardar los mandamientos.

Dios le dio al rey Salomón gran sabiduría y entendimiento. También le dio riqueza y poder. Cuando ya era un hombre anciano, miró hacia el pasado de su vida y se dio cuenta de que la tarea de cada persona que haya vivido alguna vez es simplemente amar a Dios y guardar sus leyes. Ninguna otra cosa importa. Todo lo demás parece sin sentido, no tienen valor duradero.

# Índice de historias bíblicas